AF382926

EL ENIGMA DEL GRIAL

La reliquia de los mil rostros

Por Florian Paret
Traducido por Laura Bernal Martín

Historia 50MINUTOS.es

EL ENIGMA DEL SANTO GRIAL, LA RELIQUIA DE LOS MIL ROSTROS

- **¿Nacimiento del enigma?** Entre 1180 y 1190.
- **¿Dónde?** En Francia.
- **¿Contexto?** Entre la segunda y la tercera cruzada, cuando las normas de la caballería y del amor cortés atravesaban su momento álgido.
- **¿Repercusiones?**
  - Nacimiento de un entusiasmo por la figura del rey Arturo y de los caballeros de la Mesa Redonda.
  - Controversia literaria asociada progresivamente a polémicas políticas y religiosas.

El Cuento del Grial se escribe en los años 1180. Cuando Chrétien de Troyes compone los primeros versos de esta obra, ignora por completo el impacto que tendrá su libro en la literatura. Sin embargo, el poeta no es debutante en este ámbito: la tradición artúrica no tiene secretos para el autor de *El Caballero de la Carreta* y de *El Caballero del León*. Sin embargo, su obra inacabada *El Cuento del Grial* es la que lo hace pasar a la posteridad. Pero, ¿a qué se debe el éxito de esta novela?

Chrétien de Troyes no es el primero en escribir sobre el rey Arturo y sus valientes caballeros de la Mesa Redonda. Sin embargo, sí que es un pionero al asociar, entre otros, a los personajes de Lanzarote, Gawain y Tristán con el legendario soberano. Pero lo que hace tan notable su obra es la fugaz aparición de un objeto escurridizo por naturaleza, el grial. Desgraciadamente, el autor muere antes de terminar su libro, dejando atrás un misterio que no hará más que intensificarse con el paso de los siglos.

Más adelante, muchos seguidores toman la pluma para que la búsqueda del grial termine como se merece. A través de su talento, todos estos autores ofrecen a la posteridad una visión única del grial y de su búsqueda. Para algunos, se trataría del santo cáliz en el que Jesucristo habría bebido en la última cena. Para otros, el grial sería la clave de un misterio mucho más profundo, un misterio que podría llevar al colapso de una de las instituciones más grandes de la historia: la Iglesia. Hoy, más de 800 años después de su primera mención, el misterio del grial permanece intacto.

EL MISTERIO DEL GRIAL A TRAVÉS DE LOS SIGLOS

EL GRIAL DE CHRÉTIEN DE TROYES

El grial como objeto misterioso aparece por primera vez en *El Cuento del Grial*, un relato en verso redactado por el poeta francés Chrétien de Troyes (*c.* 1135-*c.* 1183) en los años 1180. En esta obra, el autor relata la epopeya de Perceval, un galés algo rudo e ingenuo que quiere ser caballero.

Perceval acude a la corte del rey Arturo tras dejar atrás el hogar de su madre, que muere de tristeza tras prodigarle numerosos consejos. Una vez allí, gana un torneo y un anciano prohombre, Gornemant de Goort, le enseña los rudimentos de los valores caballerescos. A continuación, Perceval se pone en ruta en busca de aventuras, y una noche es recibido en el castillo de un enfermo que se presenta como el Rey Pescador y cuyas tierras son estériles y desoladas.

Durante la cena, asiste a un desfile de objetos insólitos: primero una extraña lanza cuya punta sangra, después dos candelabros de oro, un grial (plato ancho y cóncavo) decorado con piedras preciosas y, finalmente, un plato de plata (un plato circular el que se trinchaban ciertos manjares). Cada vez que comen vuelve a darse esta misteriosa procesión, pero parece que Perceval es el único que le presta atención. Este, preocupado por no ofender a su anfitrión con sus interrogantes, frena su curiosidad y no pregunta a quién se le lleva el grial y por qué sangra la lanza. Cuando se acaba la cena, Perceval va a acostarse.

Cuando se despierta a la mañana siguiente, el joven galés descubre con sorpresa que el castillo en el que ha pasado la noche se encuentra ahora completamente vacío. Tras algunas desventuras, conoce a una mujer apodada «la fea doncella», que le reprocha no haber hecho preguntas sobre la lanza que sangra y sobre el grial (el resto de objetos parecen carecer de importancia); la mujer le dice que, en realidad, si lo hubiera hecho habría podido curar al Rey Pescador de su enfermedad y salvar sus tierras de la ruina que las amenaza. Como consecuencia, Perceval jura encontrar la lanza y el grial para reparar su error.

Chrétien de Troyes continúa el relato orientando los mitos artúricos hacia otro personaje importante, Gawain, considerado a menudo el mejor caballero del rey Arturo. Cuando la historia vuelve a centrarse en Perceval, ya han pasado cinco años desde su visita al castillo del Rey Pescador, cinco años que han transcurrido mientras él erraba en busca del grial y de la lanza que sangra. Su búsqueda lo ha obsesionado hasta tal punto que ha perdido parte de su memoria y se ha olvidado de rendirle homenaje a Dios.

Un día se encuentra con un ermitaño que resulta ser su tío. Este, iniciado en los misterios de la espiritualidad, le desvela a Perceval que el grial contiene una hostia que le permite al padre del Rey Pescador mantenerse con vida desde hace muchos años. También le explica que el que se haya olvidado de Dios se debe a que ha ignorado uno de los consejos de su madre: acudir con regularidad a iglesias y abadías. El joven galés, deseoso de redimirse, recibe entonces las enseñanzas del ermitaño y decide hacer penitencia. En estos versos se acaba el relato de Perceval, un relato que el autor nunca terminará y que despertará numerosas preguntas durante los siguientes siglos, empezando por una: ¿qué es el grial?

Hoy en día, en general se coincide en pensar que se trataría de un cáliz o de una copa. Sin embargo, en la época en la que Chrétien de Troyes escribe su cuento, la palabra «grial» es un término corriente que se refiere a un plato circular con los bordes anchos concebido para recoger todo tipo de manjares. Sin embargo, aunque esta definición nos permite cuestionar la forma que generalmente se le da al objeto, no nos permite saber cuál es su verdadera función en el seno de esta novela teñida de magia. ¿De dónde procede ese misterioso recipiente, y cómo quería concluir Chrétien de Troyes este enigma? Estas cuestiones han obsesionado tanto a los contemporáneos del poeta que muchos de ellos también han escrito con el fin de ofrecerle a la historia un final satisfactorio.

NUMEROSOS CONTINUADORES

La mayor parte de los autores que han sentido que tenían el deber de acabar la obra de Chrétien de Troyes han aportado a *El Cuento del Grial* un final bastante poco sorprendente. En realidad, para muchos de ellos, el relato continúa con la errancia de Perceval, que, de aventura en aventura, gana sabiduría y pureza. El joven galés vuelve finalmente al castillo del Rey Pescador y pregunta a su anfitrión por la naturaleza del grial. Esta simple pregunta basta para librar a las tierras de los alrededores de la maldición que se cierne sobre ellas. Ahora que por fin es digno del grial, Perceval se convierte en su rey.

Sin embargo, algunos ofrecen visiones más inesperadas. Por ejemplo, para el poeta alemán Wolfram von Eschenbach (1170-1220), el héroe del grial no es Perceval, sino su hermanastro Feirefiz, un personaje inventado por completo. Para el poeta alemán Heinrich von dem Türlin (siglo XIII), es Gawain el que, tras el fracaso de Perceval, se muestra digno de la reliquia. Finalmente, para Thomas Malory (escritor inglés, 1405-1471), que se toma la libertad de reescribir el conjunto del relato más de 200 años después de la muerte de Chrétien de Troyes, el héroe de la historia es Galahad, el hijo de Lanzarote.

En la mayoría de estas versiones, el grial está

asociado a la imagen de un recipiente que sirve como un cuerno de abundancia y lleva juventud a todos aquellos que son iluminados por su gloria. En todos estos textos, este objeto misterioso solo acepta someterse a un caballero de corazón puro. Sin embargo, aunque Wolfram von Eschenbach conserva estas características mágicas, se distingue de sus semejantes presentando el grial no como un recipiente, sino como una piedra.

El autor Robert de Boron (clérigo y escritor francés del siglo XII) es el primero que asocia el grial de Chrétien de Troyes con el cáliz del que Jesucristo bebe en la última cena. Su versión es la que se conservará: para las generaciones futuras, el grial será una de las reliquias más importantes del cristianismo. Merece la pena detenerse en esta historia escrita en la década de 1190.

Y es que Robert de Boron no solo reescribe todas las aventuras de Perceval, sino que retoma la historia desde sus lejanos orígenes. Así, bajo su pluma, un notable judío llamado José de Arimatea habría recogido la sangre de Jesús en el grial después de la crucifixión. Cristo se le habría aparecido entonces, pidiéndole que se llevara la reliquia lejos de Judea (una región montañosa, con un nombre histórico y bíblico, que corresponde a una parte de la actual Cisjordania y del sur de Israel). Obediente, José de Arimatea habría abandonado Jerusalén para acabar refugiándose en las verdes tierras de Bretaña. El resto de la historia es bien conocida y relata las aventuras de un joven galés que quiere convertirse en caballero...

EL GRIAL Y LA POLÍTICA

Bajo la pluma de Chrétien de Troyes y sus numerosos continuadores, la búsqueda del grial se convierte en un verdadero fenómeno literario. Sin embargo, es necesario cuestionar las razones de este éxito, que tal vez no esté ligado exclusivamente al talento de estos poetas.

De hecho, el siglo XII transcurre en un contexto político particularmente tenso. Las relaciones entre Francia e Inglaterra no son nada buenas, y la rivalidad entre los dos reinos se extiende a los círculos literarios. En esta época, Francia está gobernada por los capetos, una dinastía cuyos orígenes se remontan a los últimos troyanos, a través de los mitos fundacionales.

Deseosos de beneficiarse de tal legitimidad, los monarcas ingleses del linaje de los Plantagenet aprovechan el éxito de la *Historia de los reyes de Bretaña* de Geoffroy de Monmouth (clérigo y cronista inglés, *c.* 1100-1155) para proclamarse herederos de un gobernante legendario, Arturo, un personaje de la tradición galesa. Esta máquina ideológica se extiende tanto que, en 1191, Enrique II Plantagenet organiza excavaciones en la abadía de Glastonbury (Somerset, Inglaterra), donde los monjes descubren una antigua tumba que las autoridades rápidamente identifican como la de Arturo y Ginebra.

Al mismo tiempo, el mundo medieval occidental atraviesa un período de crisis en sus lejanos dominios de Oriente. Tras la brutal derrota de la segunda cruzada (1147-1149), la ciudad santa de Jerusalén está en manos de Saladino, gobernante musulmán. Los textos que resaltan los valores caballerosos florecen, y es en este contexto cuando se escriben las primeras novelas de Chrétien de Troyes. *El Cuento del Grial*, por su parte, aparece en la víspera de la tercera cruzada (1189-1194) y representa la epopeya de un joven caballero que adquiere virtud viviendo aventuras y peregrinando para lavar sus pecados. La obra de Chrétien de Troyes está dedicada a Felipe de Alsacia (1143-1191), un conde francés destinado a ser cruzado y a perecer en Tierra Santa.

Los continuadores de Chrétien de Troyes —incluido Robert de Boron—, que probablemente sienten el deber de defender su fe, hacen del grial una reliquia sagrada, el objeto de toda codicia para aquellos que afirman honrar el nombre de Dios. De hecho, ¿qué mejor alegoría que el grial para instar a los caballeros de Occidente a tomar las armas para ir a reconquistar Jerusalén?

Sin embargo, no es necesario llegar hasta Oriente para comprender la importancia de la figura del grial en la sociedad medieval. En efecto, en el siglo XII nace en el Languedoc un nuevo movimiento religioso llamado catarismo. Los cátaros, hartos de la riqueza y de la corrupción de la Iglesia, desean volver a los fundamentos de la fe y de la pobreza de Cristo. Poco inclinados a sufrir semejante herejía, los señores católicos pronto lanzan una verdadera cruzada contra estos pecadores.

A día de hoy, algunos eruditos argumentan que

los textos escritos por los continuadores de Chrétien de Troyes han desempeñado un papel de propaganda para la Iglesia. En este período de agitación, la imagen del santo grial habría permitido reafirmar la importancia de la comunión, un rito que se sitúa en el centro de las prácticas cristianas. Sin embargo, otros eruditos sostienen que estas obras sirven a la causa cátara, y algunos autores piensan que los cátaros son quizás los guardianes de una preciosa reliquia de la que cuidan desde lo alto de los muros de su fortaleza en Montsegur (Ariège). Sin embargo, no hay ningún vínculo demostrado entre el grial y los cátaros. Estos últimos, que son antimaterialistas, probablemente apreciarían poco que se les asociara con una reliquia cristiana...

¿SABÍAS QUE...?

La asociación entre cátaros y el grial está tan arraigada que, en los años treinta, el régimen nazi envía hombres a inspeccionar la zona de Montsegur en busca del cáliz sagrado.

DE LA DESCENDENCIA SECRETA DE CRISTO

El grial y los caballeros de la Mesa Redonda, figuras literarias célebres en todo el mundo medieval occidental, experimentan un inmenso éxito en los siglos XII y XIII. La obra de Thomas Malory, publicada entre finales del siglo XV y principios del XVI, da un nuevo impulso a estos temas.

| Los caballeros de la Mesa Redonda asisten a la aparición del santo grial, siglo XV.

Sin embargo, esta obsesión acaba desvaneciéndose, aunque el grial sobrevive en la tradición popular asociado a un imaginario fantasmagórico repleto de bosques mágicos, de hadas y de hechiceros.

Lo que devuelve al grial y a los personajes artúricos al primer plano es el romanticismo del siglo XIX. A lo largo del todo el siglo XX, estas figuras se convierten en una reserva narrativa inagotable para los narradores de cualquier género. Sin embargo, hay que esperar a 1982 para que se publique *El enigma sagrado*, un ensayo que le ofrece al público una nueva visión del santo grial, muy alejada de las tradiciones bretonas con las que se le suele relacionar. Los autores de esta obra (Henry Lincoln, Michael Baigent y Richard Leigh) se apoyan en realidad en la hipótesis que afirma que el grial no sería el cáliz de la última cena, sino el símbolo de un misterio más valioso aún: el de la descendencia secreta de Cristo.

Esta teoría descansa en su mayor parte en el postulado de que las palabras «santo grial» (empleadas por los continuadores de Chrétien de Troyes tras la publicación de la obra de Robert de Boron) serían una deformación del término del francés antiguo «sang real», es decir, «sangre real». Según los tres escritores, existe una obra que nos desvela una parte de esta intriga: *La última cena* (1495-1498) de Leonardo da Vinci (pintor florentino, 1452-1519).

| Copia del cuadro de Leonardo da Vinci, *La última cena*, c. 1700.

Este lienzo del Renacimiento representa la última cena de Cristo con sus apóstoles, donde en realidad podemos distinguir a un personaje de rasgos femeninos sentado a la derecha de Jesús. ¿Sería María Magdalena, una de las discípulas más famosas de Cristo? Los autores parten de este postulado para elaborar una compleja teoría según la cual María Magdalena sería la madre de los hijos secretos de Jesús. Tras la crucifixión, habría huido de Judea para refugiarse en Francia. Los siglos pasan, y los portadores de la «sangre real» se habrían convertido en soberanos merovingios. Según los tres escritores, este linaje habría sobrevivido, protegido por una sociedad secreta llamada el Priorato de Sión, que se dispondría a intervenir para transformar radicalmente la política internacional.

Desde el momento de su aparición, esta hipótesis, que cuestiona los fundamentos de la Iglesia, irrita a mucha gente. Sin embargo, la fascinación que despierta es igual o mayor. A pesar de las severas críticas de la prensa, el ensayo de Baigent, Lincoln y Leigh se beneficia de un apoyo nada desdeñable por parte del público, debido en parte a su lado conspiratorio y anticlerical. De hecho, esta teoría tiene tanto impacto que en 2003 se publica una novela que se basa en ella y que enseguida cosecha un gran éxito: se trata de *El código Da Vinci*, del novelista estadounidense Dan Brown (nacido en 1964).

<u>El Priorato de Sión</u>

Según Baigent, Lincoln y Leigh, el Priorato de Sión contaría entre sus miembros con algunas de las personalidades más importantes de la historia: Isaac Newton (científico inglés, 1643-1727), Victor Hugo (poeta, dramaturgo y novelista francés, 1802-1885) y... Leonardo da Vinci. Este último, al tanto de uno de los secretos más valiosos del mundo, habría pintado a María Magdalena en *La última cena* para revelar un mensaje subliminal.

Sin embargo, para muchos historiadores del arte, el personaje sentado a la derecha de Cristo no es María Magdalena, sino el apóstol Juan, representado a menudo de manera andrógina en los cuadros del Renacimiento. La propia existencia del Priorato está sujeta a controversias: la única fuente que lo menciona sería la obra de un conocido farsante que se reivindicaría a sí mismo como un descendiente de los merovingios: Pierre Plantard (1920-2000).

SIMBOLISMO Y PERCEPCIONES

EL GRIAL CRISTIANO

El grial ha desempeñado un papel importante en el desarrollo de las novelas occidentales y su imagen ha sido a menudo reutilizada en campos políticos y religiosos. Sin embargo, más allá de las representaciones con las que se le ha asociado a lo largo de la historia, el grial tiene un simbolismo rico y controvertido.

El primero de estos símbolos —y el más famoso— sostiene que el grial es una invención puramente cristiana. Aunque nunca lo formula claramente, Chrétien de Troyes habría identificado su santo grial y su lanza que sangra con el santo cáliz y la lanza de Longinos, dos de las reliquias más codiciadas del mundo católico. Esta representación no es difícil de captar: a través de esta asociación, el novelista habría querido simplemente hacer comprender a sus lectores lo valioso que es el grial.

Sin embargo, el historiador alemán Wolfgang Golther (1863-1945) rechaza la idea del grial como reliquia material. Para él, el milagro de esta procesión no es tanto la presencia del grial como la hostia que contiene, que permite al padre del Rey Pescador sobrevivir desde hace años. El grial no sería entonces un plato o un cáliz, sino un copón (vaso de altar en el que se conserva el pan de la eucaristía). Simbolizaría así la comunión de los enfermos, uno de los ritos cristianos más importantes. La figura del grial situada en el contexto de las cruzadas (tanto contra los musulmanes como contra los cátaros) sería un instrumento de propaganda para reafirmar la supremacía de la Iglesia.

Aunque estas dos interpretaciones se encuentran entre las más llamativas, a lo largo del siglo XX florecen muchas otras hipótesis que pretenden explicar el significado y el origen del grial. Así pues, estudiosos alemanes han observado que los objetos presentes en la procesión del grial corresponden a los utilizados en el rito bizantino, es decir, «las prácticas y reglas litúrgicas seguidas por las iglesias ortodoxas orientales»[1] (Universalis s. f.). Por lo tanto, Chrétien de Troyes habría novelizado un ritual real para dotar a la procesión del grial de un halo sagrado y misterioso.

Otros autores han afirmado que el castillo del Rey Pescador es comparable con el templo de Salomón y el grial con el cáliz utilizado durante el culto judío. Toda la escena de la aparición del grial simbolizaría así la conversión del pueblo judío. Los investigadores que propusieron esta teoría estaban tan convencidos de su veracidad que asumieron que el mismo Chrétien de Troyes era tal vez un judío convertido al cristianismo.

EL GRIAL RITUAL

Más allá de su interpretación cristiana tradicional, algunos investigadores han asociado la procesión del grial a cultos misteriosos (cultos que implican un rito secreto, una iniciación) que están muy presentes en el mundo antiguo. De hecho, el grial está íntimamente ligado al simbolismo de la sangre y se sabe que tiene valores regenerativos. La sangre de varias deidades pa-

---

1. Cita traducida por 50Minutos.es

ganas, como el dios egipcio Osiris o el amante de Afrodita en la mitología grecorromana, Adonis, se consideraba que tenía las mismas virtudes.

Según el lingüista estadounidense William Nitze (1876-1957), la procesión del grial recuerda el culto a Deméter (diosa griega de la agricultura y esposa de Zeus) en Eleusis, un culto agrario destinado a asegurar la renovación del ciclo estacional. Así, el Rey Pescador, débil y enfermo, personificaría la fuerza declinante de la natura-leza a medida que se acerca el invierno, mientras que el joven Percival encarnaría la renovación de la primavera. El padre del Rey Pescador, inmo-vilizado en su lecho, estaría atado al dios de la vida. De hecho, su imagen recuerda a la de Osiris, Adonis o Dionisos, a menudo representados en un féretro. A partir de ese momento, el grial sim-bolizaría el cofre sagrado que se usaba durante el ritual dedicado a Deméter. Esta asociación con un culto agrario justificaría su propensión a dispensar alimentos.

A principios del siglo XX, la medievalista Jessie Weston (1850-1928) afirma que la procesión del grial está vinculada al culto de la muerte y de la resurrección de Adonis. Según ella, hay una similitud entre el Rey Pescador —herido en la cadera— y el joven amante de Afrodita, mortalmente herido en el muslo (o incluso en sus partes masculinas) por un jabalí. Aparte de esta similitud, no hay ningún vínculo probado entre los dos personajes. Jessie Weston, sin embargo, ve en el Rey Pescador un resurgimiento de esta alegoría de la renovación. Así, al igual que los creyentes que asistían a las Adonias (las fiestas en honor de Adonis), los fieles de la corte del Rey Pescador asistirían a la procesión del grial para obtener fecundidad. Para el elegido, entender este ritual sería un medio para acceder a los secretos de la renovación y la espiritualidad. De hecho, una vez que Perceval demuestra finalmente ser digno del grial, el Rey Pescador sana (o muere dejando su lugar a un heredero, dependiendo de la versión) y sus tierras desoladas recuperan la vida. Por extensión, la lanza sangrante simbolizaría el sexo masculino y el grial la matriz femenina, órganos esenciales para la renovación de la vida.

Aunque las teorías de Nitze y Weston son acogidas con poco entusiasmo en el mundo universitario, su trabajo allana el camino para muchos otros eruditos que asocian a su vez el grial con varios cultos mistéricos.

EL GRIAL CELTA

Para algunos especialistas en literatura medieval, la figura del grial entierra sus raíces en los mitos celtas tradicionales. Para el conde Hersart de la Villemarqué (filólogo francés y estudioso de la cultura bretona, 1815-1895), el grial recuerda al caldero de Bran el Bendito que aparece en el *Mabinogi* de Branwen, un relato medieval galés formalizado en el siglo XI. Ambos objetos tienen la capacidad de curar heridas. El caldero de Bran también puede resucitar a los muertos; sin embargo, los resucitados ya no pueden hablar, para que puedan guardar el secreto de lo que los ha devuelto a la vida. Según el historiador y filólogo Ernest Renan (1823-1892), este silencio es comparable al de Perceval cuando asiste por primera vez a la procesión del grial. Así, la reticencia del joven galés a hablar sería comparable a los secretos de la iniciación druídica.

¿Es el grial una representación de la supervivencia de la tradición celta? Para el estudioso de la tradición escocés John Francis Campbell (1821-1885), este simbolismo va más allá: afirma que muchos elementos en la búsqueda del grial son temas recurrentes en la tradición celta. Según él, las armas centelleantes y las copas sagradas que sanan son elementos que surgen regularmente en los cuentos gaélicos, como el *Mabinogi* de Branwen. La presencia del rey Arturo en algunos de estos relatos (en el *Mabinogi* de Branwen, pero también en *Y Gododdin*, atribuido generalmente al bardo Aneirin, del siglo VI) es también un elemento que tiende a acercar la obra de Chrétien de Troyes a los poetas gaélicos.

Sin embargo, varios estudiosos sostienen que este supuesto origen celta no es incompatible con las teorías de los orígenes católicos y rituales del mito del grial. Así, Chrétien de Troyes habría dejado deliberadamente un halo de misterio alrededor de su obra para que sus lectores pudieran comprender por sí mismos el significado de la procesión del grial.

EL SANGREAL

La teoría del sangreal contiene un simbolismo político extremadamente fuerte. De hecho, según el ensayo de Baigent, Leigh y Lincoln, los merovingios habrían podido valerse (si hubieran sido conscientes de su supuesta ascendencia) de una legitimidad indiscutible que habría fortalecido su autoridad. De hecho, su propia sangre —la de Cristo— transmitía una imagen de pureza y de divinidad suficiente para justificar su posición como monarcas. Ellos no eran los poseedores del grial; eran el grial.

Además de este carácter político, la teoría del sangreal también tiene un gran valor anticlerical en el sentido de que pone fin a 2000 años de predicación sobre la supuesta divinidad de Cristo. Al haber engendrado hijos, Jesús pierde su pureza para convertirse en un ser humano como los demás. Esta hipótesis, que cuestiona la legitimidad del Hijo de Dios, basta para sacudir los cimientos de la Iglesia. El aspecto controvertido de esta teoría es mucho más fuerte, ya que permite a muchas personas consideradas «conspiradoras» —es decir, seguidoras de las teorías del complot—, agruparse en torno a una misma idea que afirma que las instituciones religiosas siempre nos han manipulado.

EL «VERDADERO» GRIAL

A través de los siglos han aparecido muchos

«verdaderos» griales por todo el mundo cristiano. Hoy en día hay más de 200 reliquias en Europa presentadas como el auténtico santo grial. Sin embargo, algunas tienen una mayor reputación, como ocurre con el cáliz de Valencia, el cáliz de doña Urraca expuesto en la colegiata de san Isidoro de León y el Sacro Catino de Génova. Algunas de estas reliquias son copas, otras son cálices o platos. Sin embargo, todas ellas tienen en común el hecho de ser objetos materiales y tangibles.

| El santo cáliz de Valencia.

| El cáliz de doña Urraca, en la colegiata de la
iglesia de san Isidoro de León.

Para muchos eruditos, el «verdadero» grial no es
una reliquia, sino uno de los símbolos más bellos
de la cultura medieval occidental. Situado en el

corazón de una de las primeras novelas caballe-rescas de la historia, el grial es el epicentro de una de las más grandes narraciones iniciáticas jamás contadas, la de Perceval y los caballeros de la Mesa Redonda. Como el grial de Chrétien de Troyes, el auténtico grial sería el que empuja a los que lo buscan a superarse y a encontrar respuestas sobre el sentido de su existencia.

EL ENIGMA DEL GRIAL EN LA ACTUALIDAD

DE LA NATURALEZA DEL GRIAL

Hoy, casi ocho siglos después de su primera mención en los escritos de Chrétien de Troyes, el grial sigue siendo un verdadero misterio que suscita el interés de millones de personas.

Para un gran número de científicos, el grial no es más que un objeto literario que probablemente nunca ha existido (en cualquier caso, no en la forma que se le atribuye habitualmente). De hecho, si Jesús realmente ha vivido, parece improbable que la copa en la que bebe en la última cena haya sobrevivido a dos milenios de historia. Además, en nuestro mundo cada vez más racionalista, las virtudes mágicas e incluso divinas del grial aparecen como simples motivos de ficción.

Sin embargo, otros muchos —entre los que se encuentran científicos de renombre como Margarita Torres (profesora de Historia Medieval en la Universidad de León) y José Miguel Ortega del Río (historiador de arte de la Fundación Siglo para el Turismo y las Artes de Castilla y León)— siguen buscando el auténtico grial. Son varios los lugares de culto que afirman poseer este objeto sagrado y, a veces, aparece un nuevo grial, suscitando nuevos debates sobre este misterio. El cáliz de doña Urraca es uno de los últimos que ha llamado la atención a todos los apasionados por el tema.

Otro enigma persiste: ¿qué representa el grial original, el de Chrétien de Troyes? ¿Es el santo cáliz, como supone Robert de Boron? Además de su simbolismo, muchos lingüistas todavía están en desacuerdo con la etimología de la palabra «grial». ¿Es realmente un plato?

Así, la única certeza del grial es que su misterio aún no ha dejado de dar que pensar a los apasionados del tema.

LA LANZA QUE SANGRA

A día de hoy resulta complicado hablar del mito del santo grial sin referirnos a otra importante reliquia presente en todas las versiones del relato: la lanza que sangra. ¿Qué simboliza esta arma? Al igual que el grial, la lanza descrita en los versos de Chrétien de Troyes se ve sujeta a muchas preguntas. En realidad, aunque la versión de Robert de Boron ha convertido esta lanza en la de Longinos, el centurión romano ciego que atraviesa el costado de Cristo, seguimos desconociendo si el autor de *El Cuento del Grial* tenía la misma visión del objeto.

Al igual que el grial, la lanza se percibe como una reliquia dotada de facultades mágicas. Sin embargo, muchos especialistas se preguntan acerca del origen de su simbolismo. Para algunos representaría a la lanza empleada en el ritual bizantino para cortar el pan bendito antes de colocarlo en un cáliz y regarlo con vino, lo que demostraría la voluntad de Chrétien de Troyes de darle a su relato un aspecto sagrado al tiempo que exótico. Para otros, esta lanza no sería la que atraviesa el costado de Cristo, sino la (ficticia) que hiere al Rey Pescador; así, tendría una vocación memorial que pretendería recordarnos a todos la enfermedad del soberano e impulsar a Perceval a plantear su primera pregunta.

Cualquiera que sea el significado y la naturaleza

de esta arma, todos los autores que han estudiado el enigma del grial han señalado su importancia en las diferentes versiones de la historia. Aunque ha despertado menos interés que el grial, su simbolismo es igual de escurridizo y son varios los lugares de culto que han afirmado poseer la auténtica lanza sagrada. Sin embargo, como ocurre con el grial, las autoridades católicas no le han concedido este título a ninguna de ellas. Sin embargo, el cine, la literatura y la música han utilizado la lanza sagrada en numerosas ocasiones a lo largo del siglo XX, lo que demuestra el interés que sigue despertando.

La lanza sagrada

Aunque siempre se han reconocido muchos atributos inusuales a la lanza sagrada (brilla para señalar su autenticidad, cura a los enfermos, trae la victoria en las batallas), ningún texto anterior al de Robert de Boron menciona que sangre. Este simple hecho tiende a demostrar que el propio Chrétien de Troyes no identifica el objeto de su historia con la lanza sagrada.

UNA BÚSQUEDA SIN FIN

Aunque hoy parece imposible responder a todas las preguntas que giran en torno al grial, la búsqueda de esta reliquia sagrada parece tener un brillante futuro por delante. Además de los interrogantes que sigue despertando entre los científicos, el grial se ha convertido, durante el siglo XX, en una verdadera reserva de material narrativo destinado a inspirar a muchos más artistas. Algunas reinterpretaciones contemporáneas del mito del grial forman ahora parte de lo que comúnmente se conoce como «cultura pop» (es decir, cultura popular, apreciada por la mayoría de la gente) y ya se consideran clásicos.

El cine es sin duda el medio que ha transmitido la imagen más popular del grial, a través de películas como *Los caballeros de la mesa cuadrada y sus locos seguidores*, del grupo Monty Python (Terry Jones y Terry Gilliam, 1975), *Excalibur* (John Boorman, 1981) o *Indiana Jones y la última cruzada* (Steven Spielberg, 1989). La televisión también se ha inspirado en el mito del grial para crear historias cuya popularidad continúa creciendo, como la quinta temporada de la serie *Érase una vez*

(ABC Studios, 2015-2016) y *Kaamelott* (Alexandre Astier, 2006).

Muchos autores se han inspirado en la búsqueda del grial para escribir obras tan eclécticas como *L' Enchanteur* («El hechicero», de René Barjavel, 1984), *El Código da Vinci* y *L' Empire du Graal* («El imperio del grial», de Eric Giacometti y Jacques Ravenne, 2016). El grial y los relatos de los caballeros de la Mesa Redonda son también temas recurrentes en la literatura infantil, en la fantasía (un género literario que presenta al menos un elemento sobrenatural, mezclando mitología y magia) e incluso en la ciencia ficción, géneros que han experimentado una verdadera renovación desde hace varios años.

El grial es también un tema muy presente en la música. Podemos citar la ópera *Parsifal* (Richard Wagner, 1882) o el grupo de metal estadounidense Holy Grail. Sin embargo, uno de los elementos que tienden a demostrar el fantástico futuro que se vislumbra para el grial es su integración en un medio de rápido crecimiento: los videojuegos. De hecho, los mitos artúricos son un tema muy recurrente en este ámbito. Por otra parte, el principio mismo del héroe que busca un objeto importante está en el corazón de un gran número de juegos, lo que demuestra la influencia que la historia de Chrétien de Troyes tiene en la manera en que hoy en día concebimos una historia.

EN RESUMEN

- Las narrativas artúricas existían mucho antes de la primera mención del grial.
- El grial como objeto misterioso se menciona por primera vez en *El Cuento del Grial*, una novela caballeresca escrita por Chrétien de Troyes en la década de 1180. Situado en el corazón de la búsqueda de Perceval, el grial es un recipiente cuya verdadera naturaleza desconocemos tanto nosotros como el propio protagonista la historia. Chrétien fallece antes de terminar su obra, por lo que no sabemos lo que el grial significaba realmente para él, ni qué fin preveía para su epopeya.
- La novela de Chrétien de Troyes tuvo tanto éxito que numerosos autores tomaron la pluma para escribir el final de la historia: Robert de Boron, Wolfram von Eschenbach, Thomas Malory y muchos otros. Todos ofrecen una visión diferente y única de la búsqueda del grial, pero Robert de Boron es el primero en asociar el grial de Chrétien de Troyes al santo cáliz de Jesucristo.

- La figura del grial se ha recuperado a menudo con fines políticos y religiosos. Por lo tanto, es probable que haya servido como herramienta ideológica para legitimar el reinado de los Plantagenet, la tercera cruzada y la masacre de los cátaros.

- La teoría del sangreal, publicada en 1982 en *El enigma sagrado*, afirma que el grial no es el vaso que contuvo la sangre de Cristo, sino la propia María Magdalena: embarazada de Jesús durante la crucifixión, habría conservado la sangre de Cristo en su vientre llevando a su hijo y permitiendo que su linaje sobreviviera. Sus descendientes se habrían convertido en merovingios y habrían sobrevivido hasta hoy, protegidos por una sociedad secreta llamada el Priorato de Sión.

- El grial cristaliza muchas representaciones. Sin embargo, no se sabe si su origen es cristiano, ritual, celta o una mezcla de todo ello. En cualquier caso, el grial es un símbolo de vida.

- Hay varios «verdaderos» griales expuestos en museos y lugares de culto. Sin embargo, muchos están de acuerdo en que el único «verdadero» grial es, ante todo, un objeto literario que personifica la superación de uno mismo y la iniciación a la espiritualidad.

- Todavía en el corazón de muchas obras cinematográficas, literarias, musicales y de videojuegos, el enigma del grial tiene un futuro brillante por delante.

¡Tu opinión nos interesa!
*¡Deja un comentario en la página web de tu
librería en línea,
y comparte tus favoritos en las redes sociales!*

PARA IR MÁS ALLÁ

FUENTES BIBLIOGRÁFICAS

- Baudry, Robert. 1998. *Graal et littératures d'aujourd'hui*. Rennes: Terre de Brume Éditions, colección *Essais*.

- Universalis, "Byzantin (rite)". Consultado el 5 de diciembre de 2017. http://www.universalis.fr/encyclopedie/rite-byzantin/

- Frappier, Jean. 1972. *Chrétien de Troyes et le mythe du Graal – Étude sur Perceval ou Le Conte du Graal*. París: Société d'Édition d'Enseignement Supérieur.

- Lozachmeur, Jean-Claude. 2011. *L'énigme du Graal – Aux origines de la légende de Perceval*. Turquant: Mens Sana.

FUENTES COMPLEMENTARIAS

- Dumézil, Bruno, dir. 2016. "Arthur (roi)". *Les barbares*. París: PUF.

- Más Libertad, "La búsqueda del Santo Grial". Consultado el 6 de diciembre de 2017. http://www.maslibertad.com/Tesoros-al-Descubierto-La-Busqueda-del-Santo-Grial_p1144.html

PELÍCULAS Y DOCUMENTALES

- *En quête du Graal* («En busca del grial»). Dirigido por Paul Williams. Francia: France 5, 2016.

- *Excalibur.* Dirigida por John Boorman, con Nigel Terry, Helen Mirren y Nicol Williamson. Reino Unido y Estados Unidos: Orion Pictures y Warner Bros, 1981.

- *El Santo Grial.* Dirigido por Janice Bennett. Estados Unidos: National Geographic, 2016.

LITERATURA

- de Boron, Robert. 1999. *Le Roman de l'estoire dou Graal.* París: Honoré Champion.
  Reedición contemporánea de la novela de Robert Boron, escrita durante los años 1190.

- Malory, Thomas. 1994. *Le Roman du roi Arthur et de ses chevaliers de la Table ronde*, tomos 1 y 2. Nantes: l'Atalante.
  Reedición moderna de las obras de Thomas Malory, escritas en el siglo XV.

- de Troyes, Chrétien. 2007. *Le Conte du Graal ou le Roman de Perceval.* París: Le livre de poche, colección *Lettres gothiques.*
  Reedición contemporánea de la novela de Chrétien de Troyes, escrita durante los años 1180.

MONUMENTOS

- La catedral de Valencia (España), donde se expone el santo cáliz, uno de los griales «verdaderos» más famosos. Se trata de una copa de ágata verde (piedra fina caracterizada por sedimentos sucesivos de colores y tonos diferentes) que se supone que data del siglo I (y que habría sido embellecida progresivamente con elementos decorativos estructurales con el paso de los siglos).

- El museo de la colegiata de san Isidoro de León (España), donde está expuesto el cáliz de doña Urraca. Investigaciones recientes afirman que el cáliz se ha conservado durante siglos en el santo sepulcro de Jerusalén antes de ser robado por los musulmanes en 1009 y posteriormente ofrecido al rey Fernando I de León por una delegación árabe en 1055. Un antiguo texto egipcio mencionaría este cáliz en los siguientes términos: «La copa que los cristianos llaman La Copa del Mesías» (Más Libertad s. f.).

- La abadía de Glastonbury, en Somerset (Inglaterra). Esta abadía es célebre desde la Edad Media porque se la asocia con la mítica Avalon, el lugar de sepultura del rey Arturo. Además, el primer lugar de culto de Glastonbury habría sido construido por José de Arimatea, que habría traído el santo grial desde Judea.

- El bosque de Brocelandia, en Ille y Vilaine (Bretaña). Este bosque es un verdadero lugar de peregrinaje para los amantes de los relatos artúricos. Existen muchos lugares dedicados a estas leyendas abiertos al público, como la iglesia del Grial en el pueblo de Tréhorenteuc y el Centro del Imaginario Artúrico. Además, un gran número de rutas en pleno corazón del bosque permiten también visitar lugares como la fuente de la eterna juventud y la tumba de Merlín.

FUENTES ICONOGRÁFICAS

- Los caballeros de la Mesa Redonda asisten a la aparición del santo grial, siglo XV. La imagen reproducida está libre de derechos.

- Copia del cuadro de Leonardo da Vinci, *La última cena*, c. 1700. La imagen reproducida está libre de derechos.

- El santo cáliz de Valencia. La imagen reproducida está libre de derechos.

- El cáliz de doña Urraca, en la colegiata de la iglesia de san Isidoro de León. ©José-Manuel Benito Álvarez.

www.50Minutos.es

ISBN ebook: 9782808004008

ISBN papel: 9782808004015

Depósito legal: D/2017/12603/730

Libro realizado por Primento, el socio digital de los editores